MUNDO RIPILICA:
O CORPO HUMANO

O Mundo Ripilica® é uma marca registrada da Marisol S.A. Os textos editoriais foram desenvolvidos a partir dos personagens da marca.

Coordenação de roteiros e produção criativa: Vanessa Fort
Direção de arte: Eduardo Nakamura
Criadores dos personagens, histórias, mundo e animação Mundo Ripilica: Beth Carmona, Bruno Baski, Eduardo Nakamura e Vanessa Fort.

Editor: Luiz Vasconcelos
Gerente editorial: Letícia Teófilo
Elaboração de conteúdo: Érica Borges Correa, Fernanda Felix e Gabrielly Saraiva
Revisão: Equipe Novo Século
Capa e diagramação: Nine Editorial

Texto de acordo com as normas do Novo Acordo Ortográfico da Língua Portuguesa (1990), em vigor desde 1º de janeiro de 2009.

Dados Internacionais de Catalogação na Publicação (CIP)
Angélica Ilacqua CRB-8/7057

Mundo Ripilica : corpo humano / equipe Novo Século. -- Barueri, SP : Novo Século Editora, 2023.
32 p. : il., color.

ISBN 978-65-5561-545-6

1. Passatempos - Literatura infantil 2. Brincadeiras I. Equipe Novo Século

23-0938 CDD 793.7

Índice para catálogo sistemático:
1. Passatempos 793.7

Uma marca do Grupo Novo Século

Alameda Araguaia, 2190 - Bloco A - 11o andar - Conjunto 1111
cep 06455-000 - Alphaville Industrial, Barueri - sp - Brasil
Tel.: (11) 3699-7107 | Fax: (11) 3699-7323
www.gruponovoseculo.com.br | atendimento@gruponovoseculo.com.br

MUNDO RIPILICA: O CORPO HUMANO

NS kids

DONNA, VOCÊ JÁ CONHECE A JULIA?
ELA ESTÁ DESCOBRINDO AOS POUQUINHOS COMO
SE CHAMAM AS PARTES DO CORPO HUMANO.
QUE TAL SE A GENTE APRENDESSE COM ELA?
ISSO SERIA MUITO LEGAL, LILICA!
VAMOS COMEÇAR?

A PRIMEIRA PARTE DO CORPO HUMANO QUE VEREMOS É A **CABEÇA**.

NELA FICA O NOSSO PRINCIPAL ÓRGÃO: O CÉREBRO!

ESTE É O CABELO.
CADA PESSOA PODE TER UMA COR PRÓPRIA DE CABELO, O DA JULIA É CASTANHO E O DA DONNA É LOIRO.

AS SOBRANCELHAS TAMBÉM SÃO DIFERENTES PARA CADA PESSOA. UMAS POSSUEM SOBRANCELHAS LOIRAS, OU CASTANHAS, OUTRAS MAIS FINAS OU GROSSAS.

OS OLHOS SÃO RESPONSÁVEIS PELO SENTIDO DA VISÃO, COM ELES PODEMOS VER O MUNDO, AS CORES, NOSSA FAMÍLIA E AMIGOS!

O NARIZ CUIDA DO NOSSO SENTIDO DO OLFATO. COM ELE PODEMOS SENTIR O CHEIRO DAS FLORES, DOS PERFUMES OU DAQUELA COMIDA QUE A GENTE AMA!

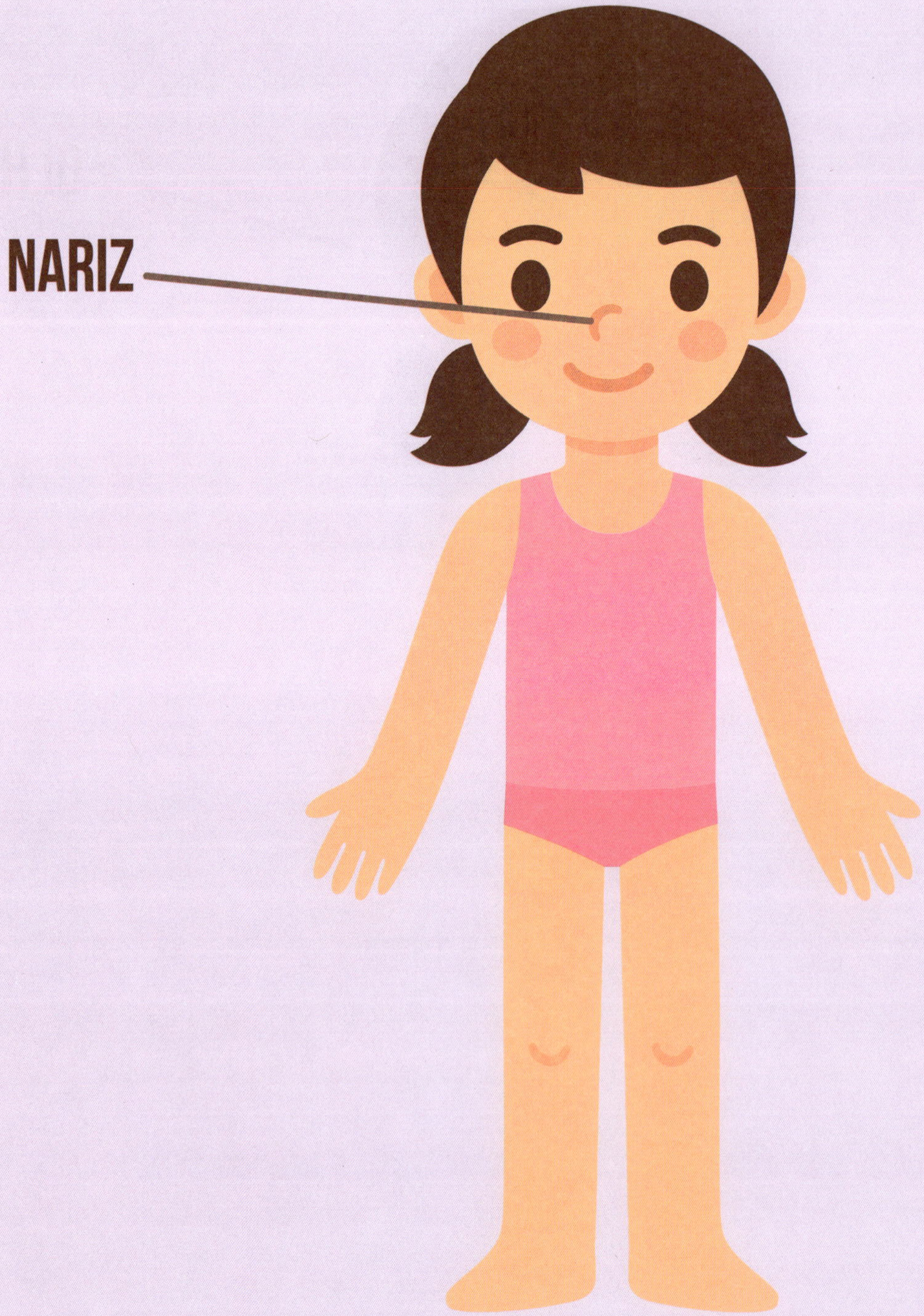

A BOCA É POR ONDE FALAMOS E COMEMOS, ELA É RESPONSÁVEL PELO NOSSO PALADAR.

E A BOCA POSSUI PARTES BEM DIVIDIDAS.
COMO OS DENTES, QUE AJUDAM NA MASTIGAÇÃO,
E A LÍNGUA, QUE AJUDA A SENTIR O GOSTO
DAS COISAS.
JÁ OS LÁBIOS AJUDAM NA PROTEÇÃO DA BOCA.

ESTAS SÃO AS BOCHECHAS.
ELAS AJUDAM A MANTER NOSSOS DENTES
NO LUGAR E TAMBÉM NOS AJUDAM A MASTIGAR
E A FALAR.

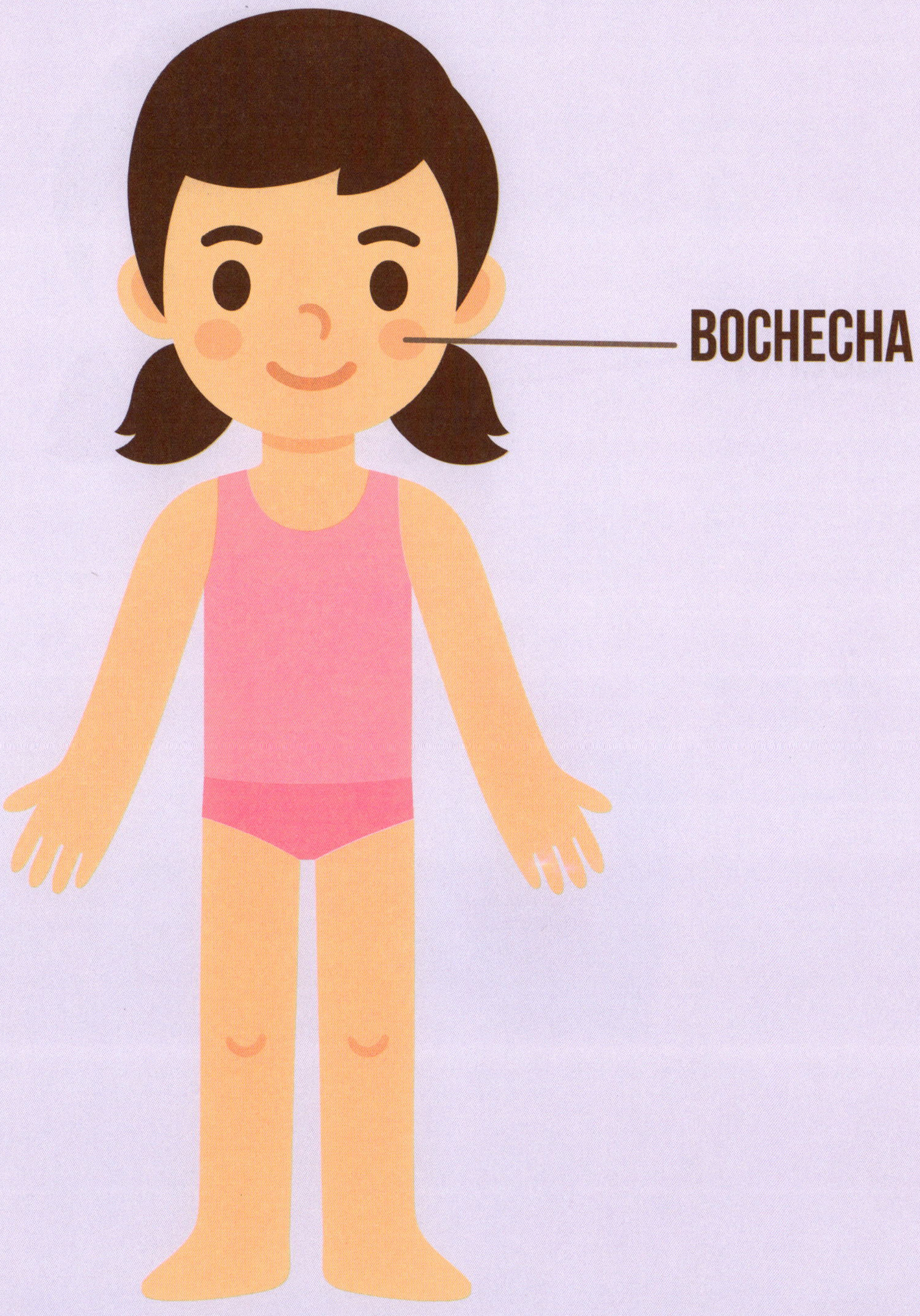

ESTE É O QUEIXO.
ELE NOS AJUDA A MOVIMENTAR NOSSA BOCA
E NOSSAS BOCHECHAS.

OLHA, LILICA, O **TÓRAX** É COMO SE FOSSE UMA CAIXINHA QUE PROTEGE OS NOSSOS ÓRGÃOS, COMO O CORAÇÃO E OS PULMÕES.

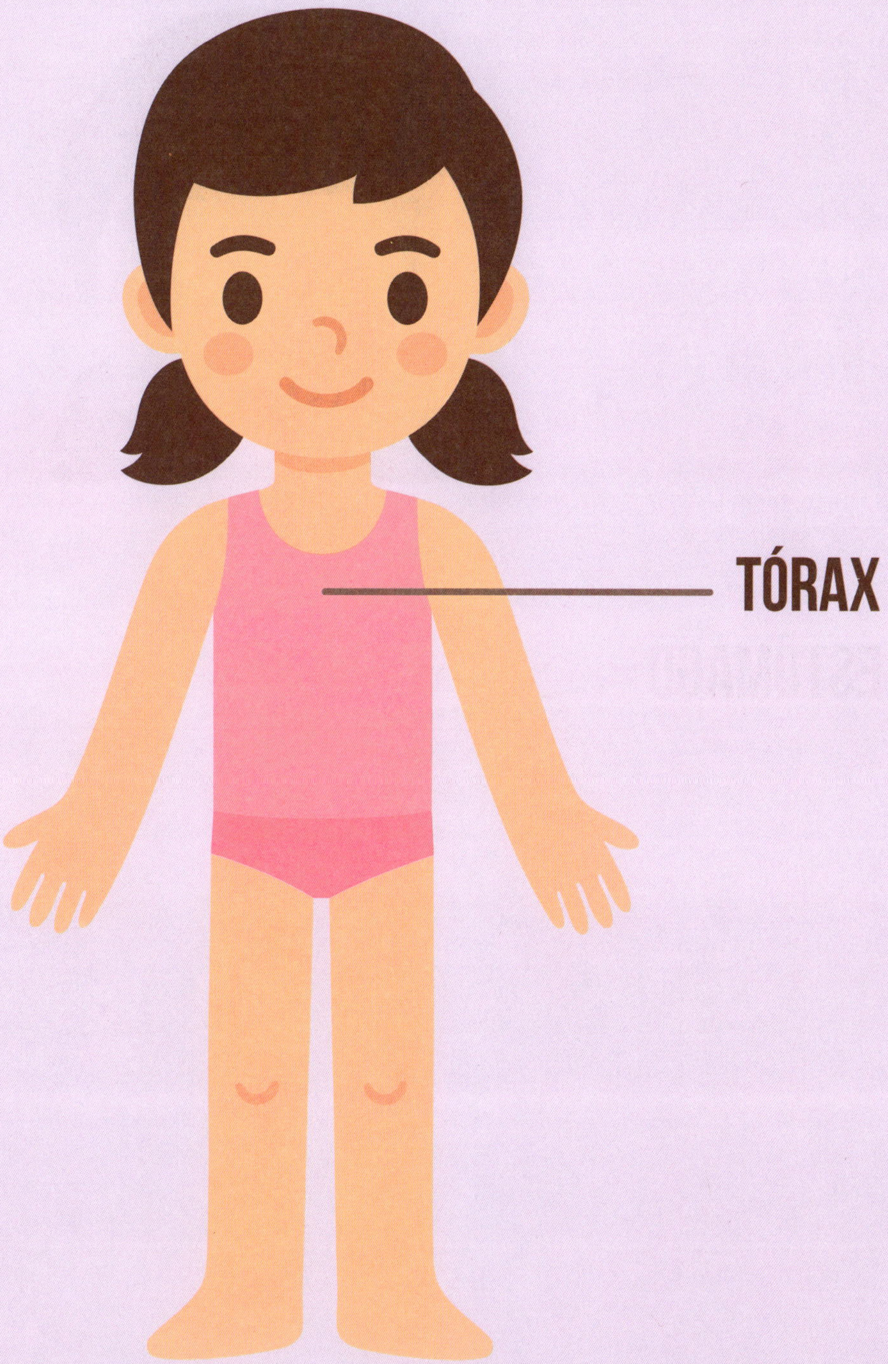

E O ESTÔMAGO FICA ABAIXO DESSA CAIXINHA QUE É O TÓRAX. O ESTÔMAGO É RESPONSÁVEL POR AJUDAR OS ALIMENTOS QUE COMEMOS A SEREM DIGERIDOS.

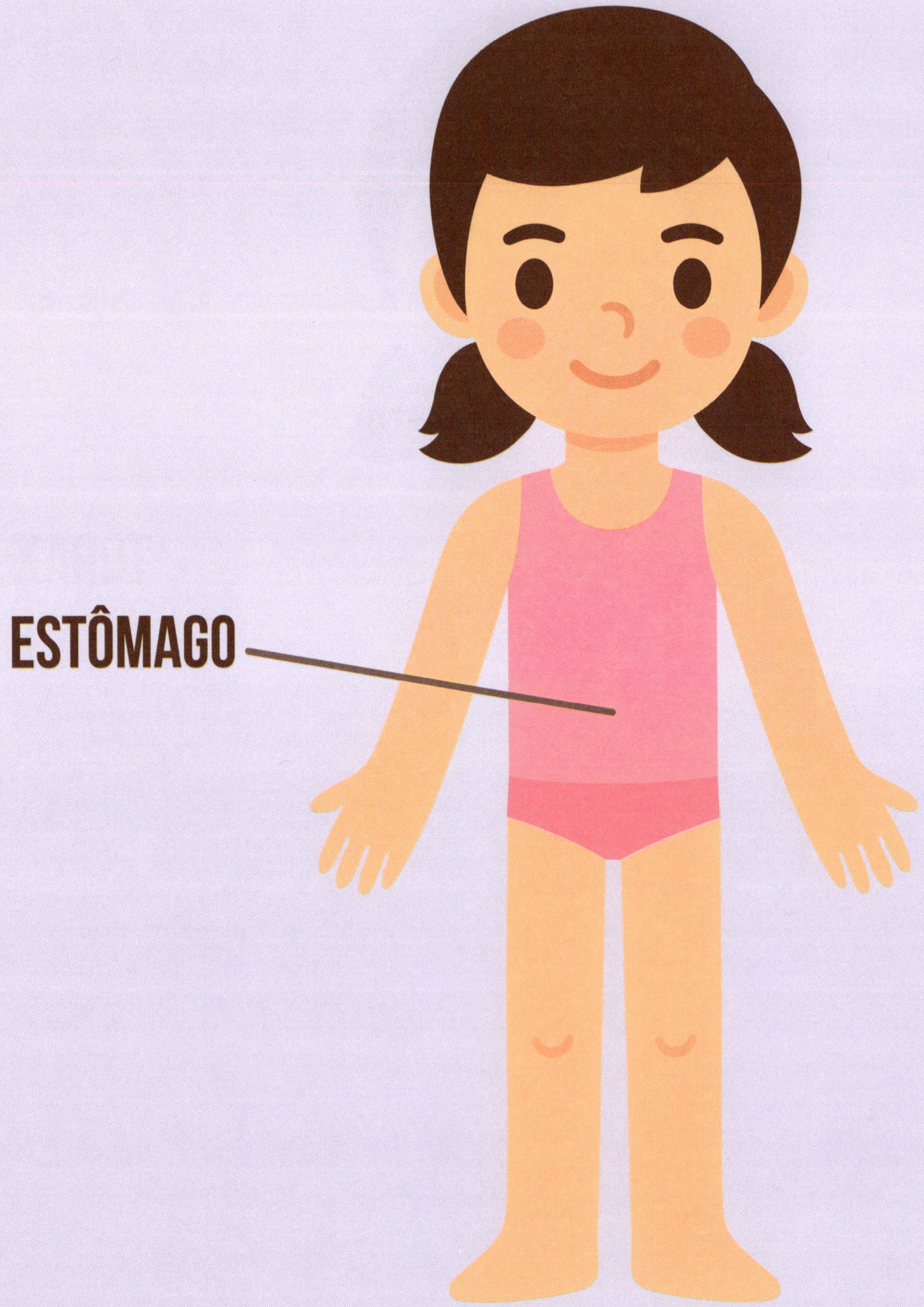

AS PERNAS NOS AJUDAM A NOS LOCOMOVER
E A SAIR ANDANDO E BRINCANDO POR AÍ.

OS **JOELHOS** SÃO UMA DAS PARTES MAIS PODEROSAS DO NOSSO CORPO. ELES NOS AJUDAM A NOS LOCOMOVER E A SUSTENTAR O NOSSO PESO.

JÁ OS NOSSOS **PÉS** AJUDAM OS JOELHOS E AS PERNAS A NOS FAZER CAMINHAR, LEVANTAR, BRINCAR OU DANÇAR!

O **CALCANHAR** NOS AJUDA A FIRMAR OS DEDOS DO PÉ NO CHÃO E A NÃO PERDER O EQUILÍBRIO.

E O TORNOZELO TAMBÉM TEM A MESMA FUNÇÃO, ELE NOS AJUDA A MANTER OS PÉS BEM FIRMES NO CHÃO.

ESTAS SÃO AS MÃOS.
ELAS SÃO RESPONSÁVEIS PELO SENTIDO DO TATO
E NOS AJUDAM A ESCREVER E A DESENHAR.

ESTES SÃO OS DEDOS.
ELES SÃO PARTES ESSENCIAIS DAS NOSSAS MÃOS E SÃO ELES QUE CARREGAM AS NOSSAS IMPRESSÕES DIGITAIS, QUE SÃO ÚNICAS PARA CADA UM DE NÓS!

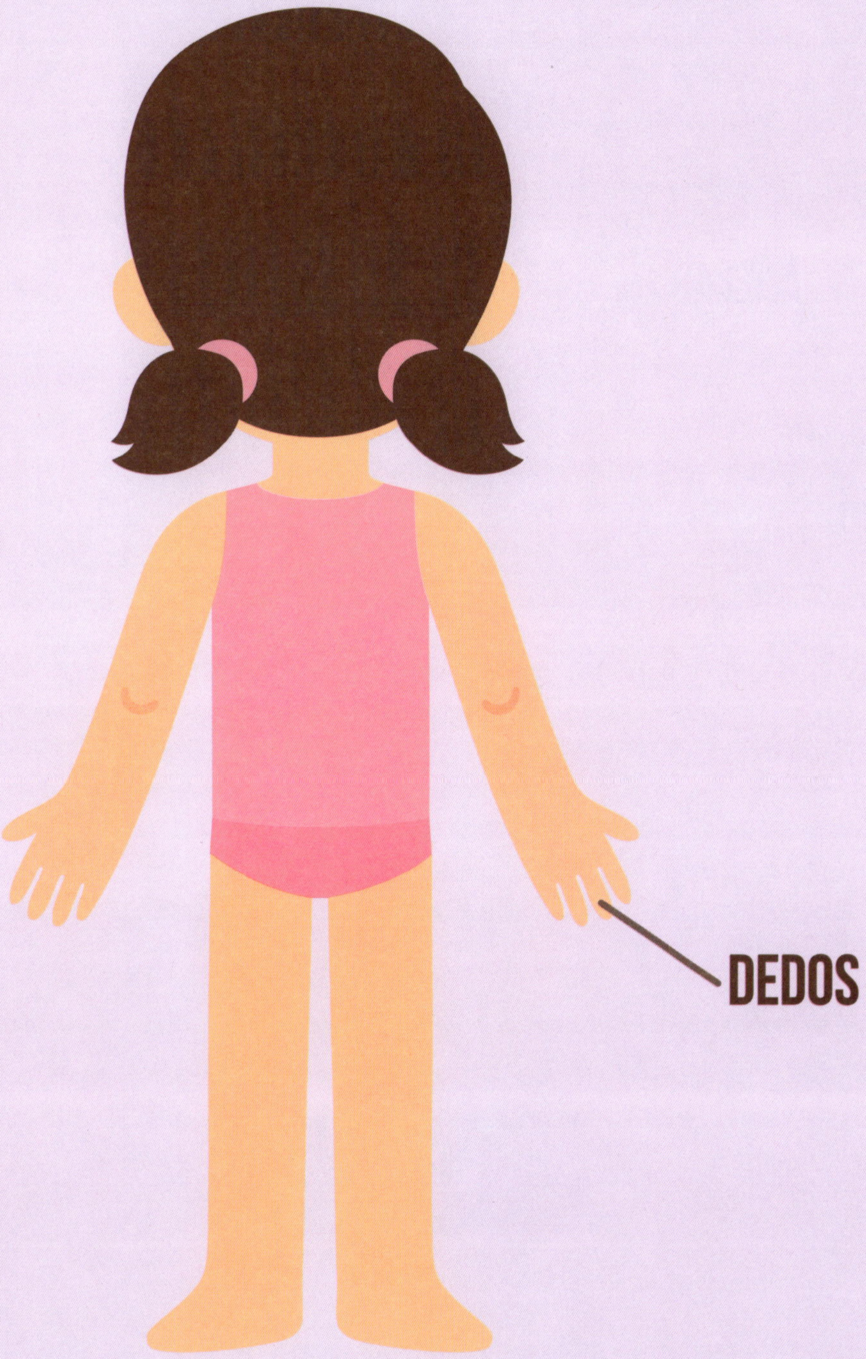

AGORA, QUE TAL DARMOS UMA BOA OLHADA EM CADA UM DOS **DEDOS** DAS MÃOS E EM SEUS NOMES?!

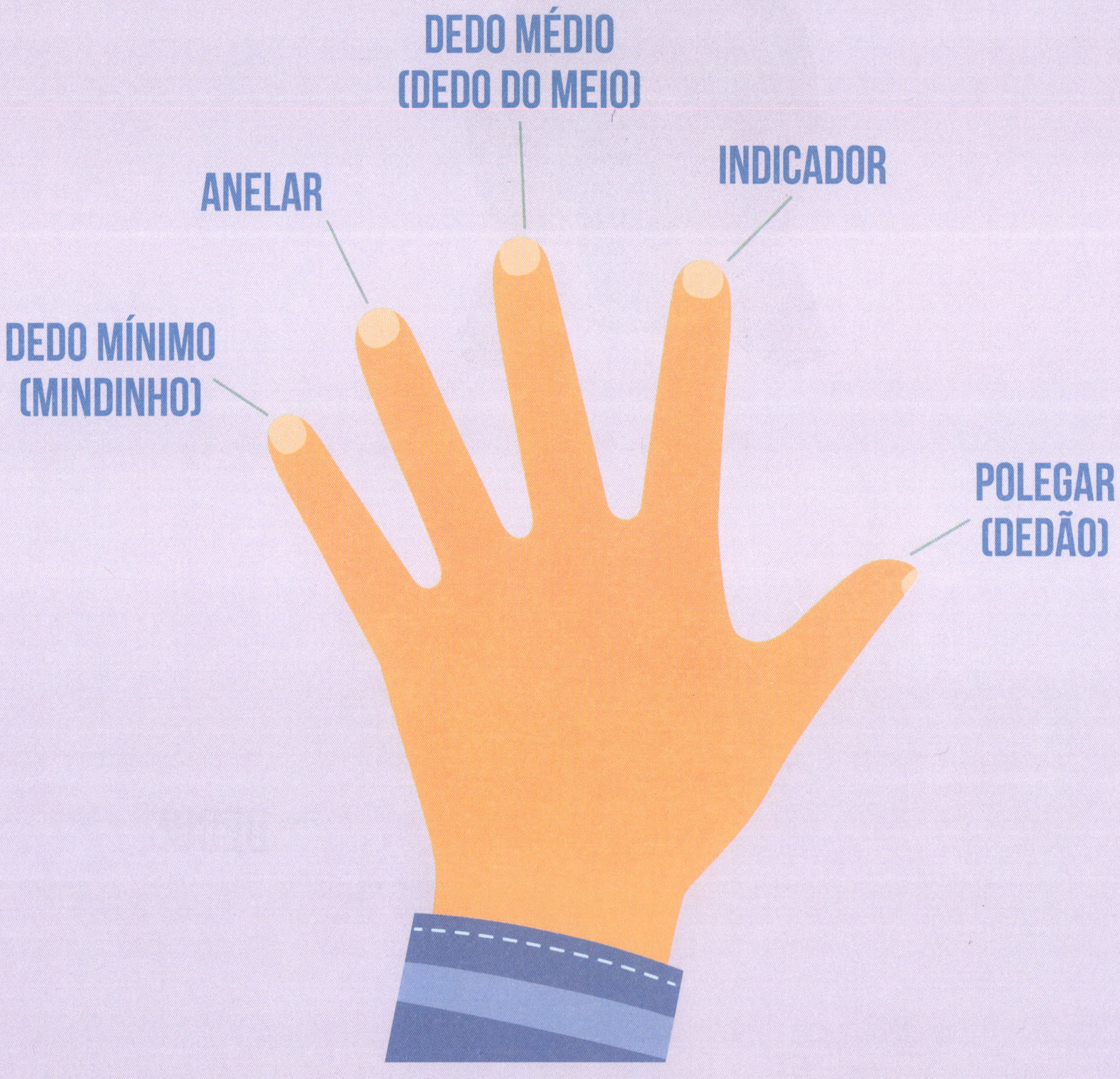

O **COTOVELO** É UMA DAS PARTES DO NOSSO CORPO QUE AJUDA A MOVIMENTAR OS NOSSOS BRAÇOS, DOBRANDO E FAZENDO COM QUE SEJA POSSÍVEL ABRAÇARMOS NOSSA FAMÍLIA E AMIGOS.

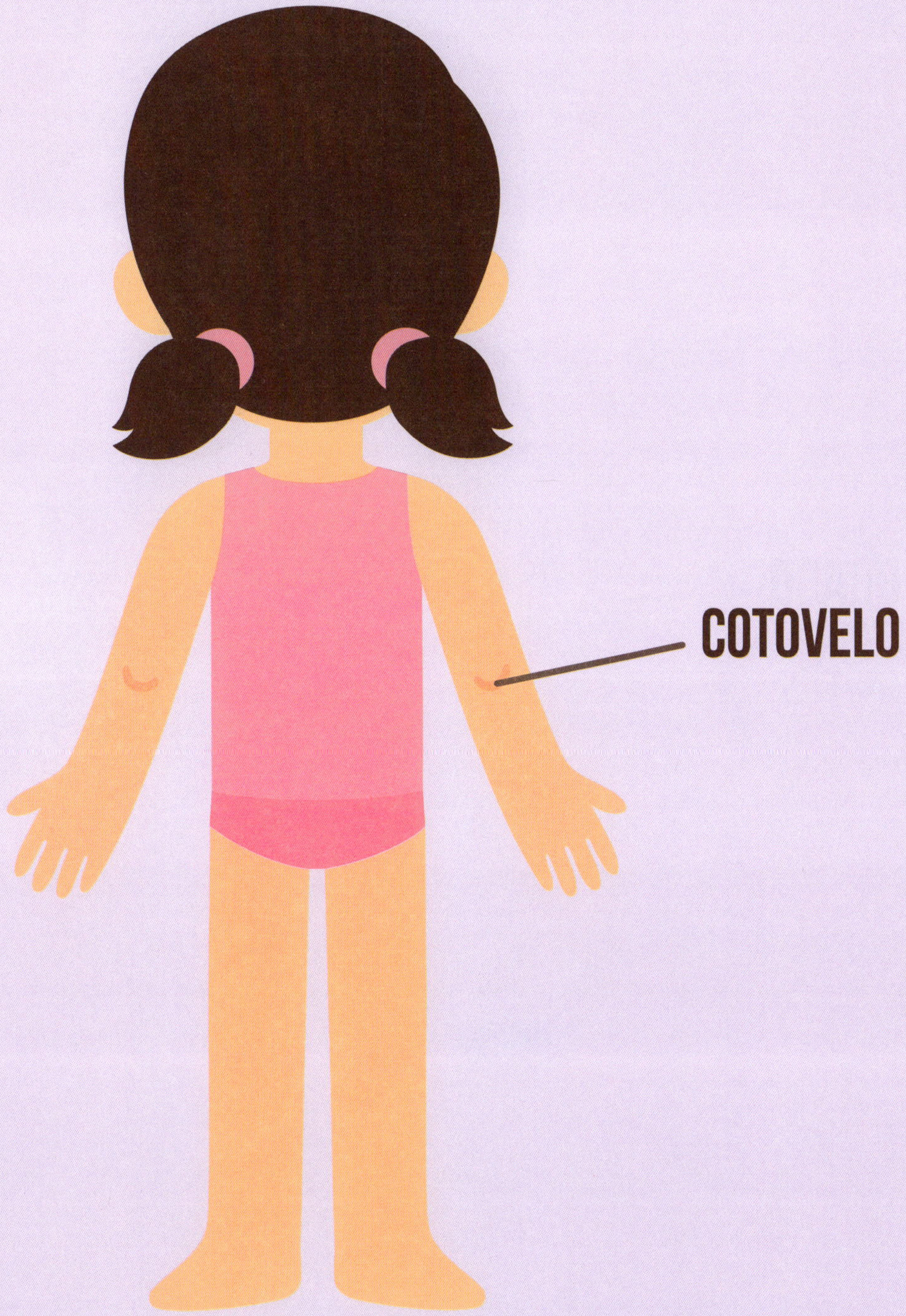

OS **BRAÇOS** SÃO UMA DAS PARTES MAIS IMPORTANTES DO NOSSO CORPO E NOS AJUDAM A BRINCAR, A MOVIMENTAR E A ABRAÇAR AS PESSOAS.

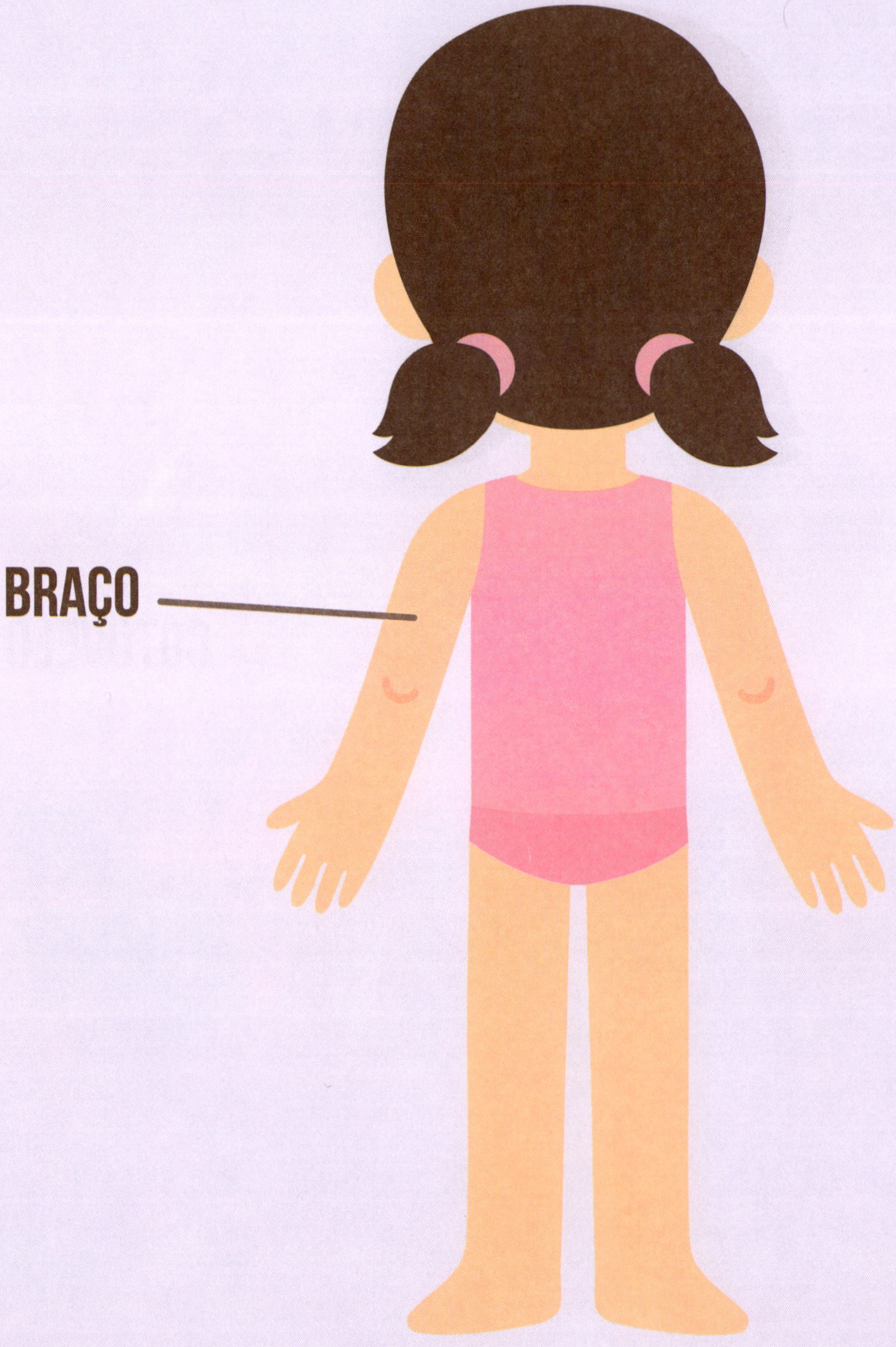

AS COSTAS SÃO UMA PARTE DA NOSSA CAIXINHA CHAMADA TÓRAX, QUE A GENTE VIU ALGUMAS PÁGINAS ATRÁS. ELAS PROTEGEM NOSSOS PULMÕES E DÃO SUSTENTAÇÃO PARA O NOSSO CORPO.

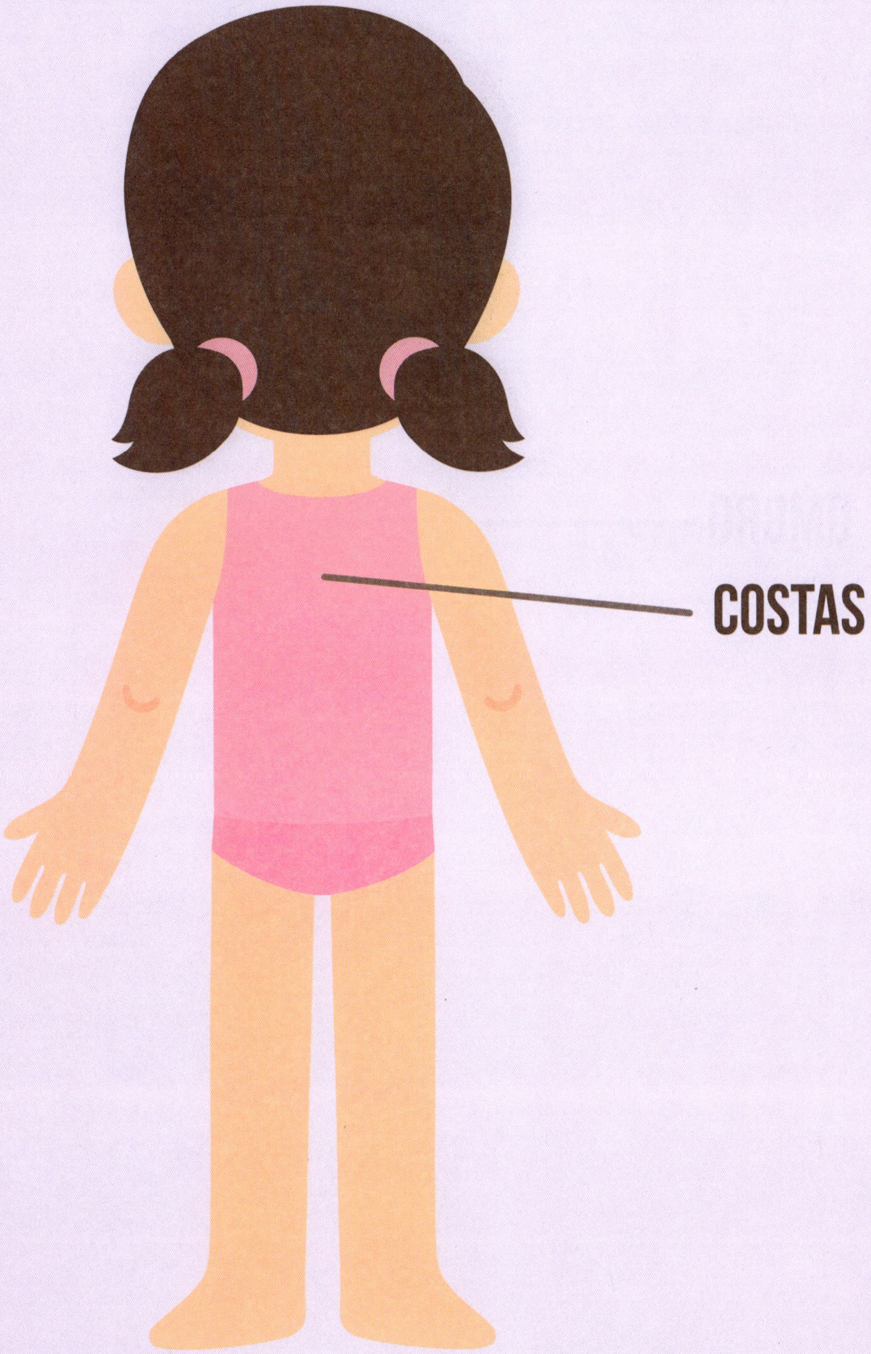

O **OMBRO** É A PARTE DO NOSSO CORPO QUE AJUDA OS NOSSOS BRAÇOS A SE MOVIMENTAREM E AINDA NOS AJUDA A CARREGAR NOSSA MOCHILA PARA IR PARA A ESCOLA, NÉ, DONNA?!

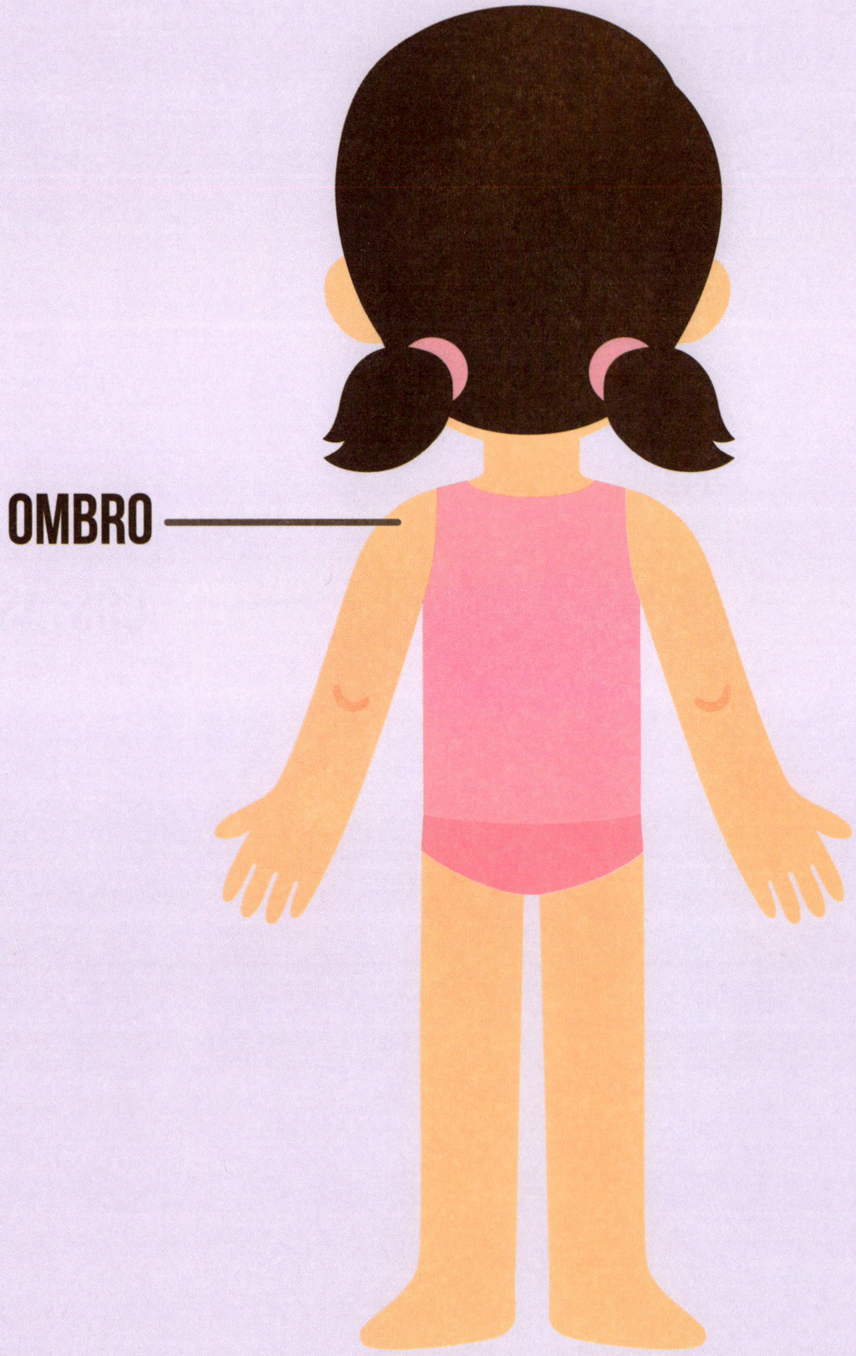

E O PESCOÇO FICA NA PARTE DEBAIXO DA NOSSA CABEÇA. É ELE QUE A AJUDA A SE MANTER NO LUGAR E A SE MOVIMENTAR, MAS TAMBÉM PODEMOS COLOCAR VÁRIOS COLARES PARA ENFEITÁ-LO!

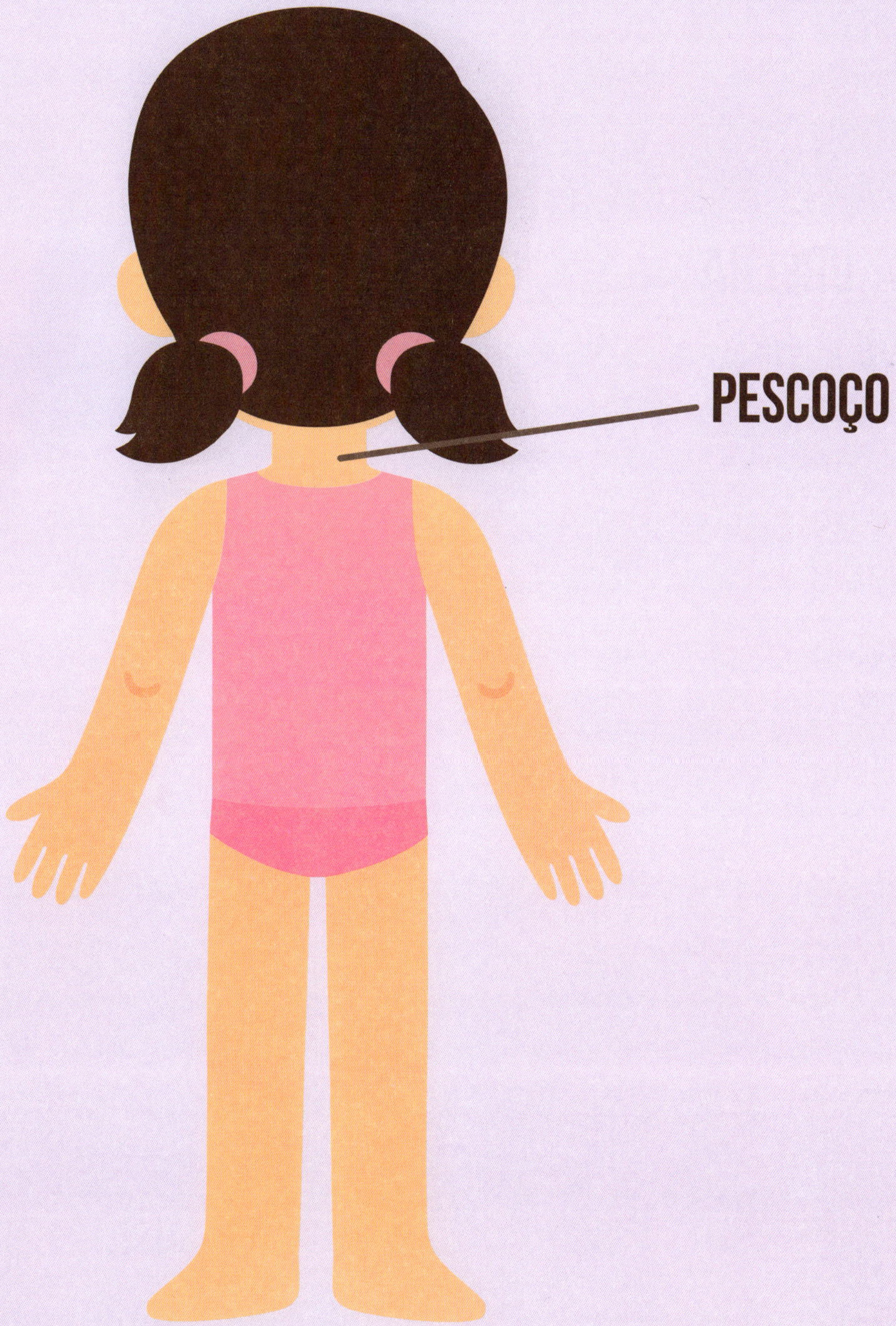

AS NOSSAS **ORELHAS** TÊM A FUNÇÃO DE OUVIR TUDO AO NOSSO REDOR. COM ELAS A GENTE OUVE O CANTO DOS PÁSSAROS, A NOSSA MÚSICA PREFERIDA E A RISADA DOS NOSSOS AMIGOS.

NOSSA, LILICA, QUANTAS PARTES FANTÁSTICAS O CORPO HUMANO TEM, NÃO É MESMO?! ACHO QUE AGORA A GENTE JÁ TEM UMA BOA IDEIA DE COMO ELE FUNCIONA!

SIM, SIM, DONNA! E AGORA OS NOSSOS AMIGUINHOS JÁ SABEM OS NOMES DE CADA PARTE DO CORPO HUMANO!

AGORA QUE A NOSSA JORNADA PELO MUNDO DO CORPO HUMANO CHEGOU AO FIM, QUE TAL DAR UMA OLHADA NAS JORNADAS DE LILICA E DONNA RUMO AO CONHECIMENTO DOS DENTES E DA ALIMENTAÇÃO SAUDÁVEL?! ESPERAMOS VOCÊS LÁ!

Compartilhando propósitos e conectando pessoas
Visite nosso site e fique por dentro dos nossos lançamentos:
www.gruponovoseculo.com.br

Edição: 1ª

gruponovoseculo
.com.br